Wandering against Light: The Blooming within

逆光·游离·盛放

酿玉 著

Billson International Ltd.

Published by
Billson International Ltd
27 Old Gloucester Street
London
WC1N 3AX
Tel:(852)95619525

Website:www.billson.cn
E-mail address:cs@billson.cn

First published 2025

Produced by Billson International Ltd
CDPF/01

ISBN 978-1-80377-171-7

©Hebei Zhongban Culture Development Co.,Ltd All rights reserved.

The original content within this product remains the property of Hebei Zhongban Culture Development Co.,Ltd, and cannot be reproduced without prior permission. Updates and derivative works of the original content remain the property of Hebei Zhongban. and are provided by Hebei Zhongban Culture Development Co.,Ltd.

The authors and publisher have made every attempt to ensure that the information contained in this book is complete, accurate and true at the time of printing. You are invited to provide feedback of any errors, omissions and suggestions for improvement.

Every attempt has been made to acknowledge copyright. However, should any infringement have occurred, the publisher invites copyright owners to contact the address below.

Hebei Zhongban Culture Development Co.,Ltd
Wanda Office Building B, 215 Jianhua South Street, Yuhua District, Shijiazhuang City, Hebei province, 2207

作者简介

笔名酿玉，写诗青年，生长于江南水墨与都市星河的交汇带，自诩为光影捕手，文字摆渡人，亦是感性的理性思考者。

写作、音乐、书法作为我生命中不可或缺的三重奏，交织成我精神世界的底色，也滋养着我的诗歌创作。《逆光·游离·盛放》是我的首部诗集，精选了80首现代诗，包含我对生活、梦想、情感的思索，也关乎对生命、自然与人性的表达。这不仅是一本诗集，更是一份对光明与美好的追求，一座充满希望和温暖的精神花园。

"逆光"是在困境中寻找希望的勇气，也是我观察世界的视角；"游离"是对未知的探索和向往，也是我与世界交流的方式；"盛放"是向生命和光明的礼赞，也是我对世界的美好愿景。我期待着读者们翻开诗集，能领会文字的韵味与生命的律动，对生活保持敏锐的感知，对世界充满纯粹的热爱。愿每一个你都能在逆光中感受坚韧，在游离中找到方向，最终体悟盛放的力量。

序

  昼夜更替，光影交织。黑暗中，光芒往往更显珍贵；而在亮处，阴影却常常被忽视。诗，或许就是这样一种存在——它在明与暗的边界游走，在理性与感性的缝隙中生长，最终成为一朵又一朵盛放的花。

  逆光，是诗的选择，也是生命的姿势。我们常被光明吸引，却又在灿烂中迷失；我们渴望黑暗的宁静，却又在清幽中孤独。诗，正是在这样的矛盾中诞生。它不惧怕黑暗，也不执着于光明。在逆光中，它既不随波逐流，也不固步自封，带着岁月的痕迹，灵魂的回声，完成自己的使命。

  游离，是诗的本性，也是生命的常态。我们总在漂泊，寻找属于自己的方向。诗亦如此——它不问终点，不问归途，漂泊在山川河流，漂泊在字里行间。它捕捉那些稍纵即逝的瞬息：一片落叶的轻旋，一只蝴蝶的振翅，一滴雨水的私语，一缕微风的安抚。游离之际，诗找到了自己的声音，也找到了与世界对话的方式。

  盛放，是诗的归宿，也是生命的圆满。每一朵花都会期待盛开的时刻，每一首诗都将有被理解的瞬间——它无需阳光的宠溺，也无需黑暗的庇护。我写下"盛放",是想告诉每一个在逆光中游离的灵魂:黑暗终将过去,光明终将到来。这种光芒也许微弱,却足以照亮每一丝在漂泊中寻找归宿的希望。

诗是情感的投射,是心灵的映照。它们或浓或淡,或暗或明,它们并非刻意雕琢,而是自然流露。有些诗完成于晨光初现,有些则落笔于夜深人静。这本诗集,是我与世界的一次对话,也是我对生命的一次凝视。

"玫瑰停止的地方,芬芳前进了"——让我们在逆光里寻找游离的诗句,感受它们在灿烂中盛放的刹那。

目录

1. 多年 / 01
2. 如雪 / 02
3. 失眠 / 03
4. 假象 / 04
5. 别 / 05
6. 过敏 / 06
7. 夜醒 / 07
8. 放逐 / 08
9. 家书 / 09
10. 读 / 10
11. 眠 / 11
12. 褪色的痛 / 12
13. 迷宫 / 13
14. 墨痕生时 / 14
15. 胶卷 / 15
16. 暴雨天 / 16
17. 时间的步调 / 17

18. 明与暗 / 19

19. 归隐 / 20

20. 在雨季半醒 / 21

21. 漫游 / 22

22. 残影 / 23

23. 猎手 / 24

24. 鹰 / 25

25. 星夜 / 26

26. 与自己交谈 / 27

27. 流动 / 28

28. 窗的叙事 / 29

29. 新居 / 30

30. 村口 / 31

31. 念（外二首） / 32

    盼 / 32

    忆 / 33

32. 回乡 / 35

33. 约定 / 36

34. 青春 / 37

35. 梦回童年 / 38

36. 蔷薇 / 39

37. 我想把窗关上 / 40

38. 村妇 / 41

39. 彩票 / 42

40. 停留 / 43

41. 归途 / 44

42. 来自青春的信（组诗） / 45

    生活 / 45

    迷路 / 45

    温习 / 46

    邮寄 / 46

43. 新露 / 48

44. 风筝 / 49

45. 春天的化学反应 / 50

46. 藤椅上的银梭 / 51

47. 分流 / 52

48. 橡影·光语 / 53

49. 远行 / 54

50. 月夜 / 56

51. 落叶书简 / 57

52. 梦和随想者 / 59

53. 夏夜柔波 / 60

54. 画家 / 61

55. 文字·印象 / 62

56. 微笑的水 / 63

57. 做一名读者 / 64

58. 清夜素描 / 65

59. 澄明之夏 / 66

60. 水边 / 67

61. 使命 / 68

62. 园丁 / 69

63. 高度 / 70

64. 追光 / 71

65. 早春 / 72

66. 暖季 / 73

67. 信的航行 / 74

68. 我不知道，也知道 / 75

69. 浅笑 / 76

70. 逐梦少年 / 77

71. 光的刻度 / 78

72. 我读到多年前我写的诗 / 79

73. 晴光手札 / 80

74. 向阳 / 81

75. 圆满的碎片 / 82

1. 多年

等诺言边上的破折号
把光阴铺开，再碾平
带刺的齿轮已转过
一座公园的秋天

没有旋律，没有
流线型的风暴
只有灼烧着咒语的琥珀
和信仰，在黄昏中凝固

绿皮纸箱的邮戳上
印着红萄与烛泪
老式唱片的深渊里
跳出酒精和月亮

2. 如雪

像能听到寒冷——
风穿山谷而过,和一片
雪原告别。随之寂寥
无声,正如多年冰封

白色,苍茫,陷入沉默
修辞被过度打磨,引发
万绪纷飞,如雪崩轰隆
终归阵亡于轮回的旷野

端坐,静观
惊觉孤独有解
纯粹,如雪

3. 失眠

昨日的故事溢出
在窗外落笔一生

飞蛾确认晦暗
孤星解开隐喻
选择重见光明

守夜人点亮蜡烛
夜的黑手举起旗帜
击退了孤独的碎片

是那支旧钢笔
在咖啡杯里开花

4. 假象

你不会明白，那颗
曾经试图丰饶的心
是怎样烙上跳动的伤疤
模仿没有杂念的失忆者
把指间漏下的情节
碾碎

而一群被啃食的秘密
戴着银针似的反复记号
正一步又一步
从苇尖直抵月梢

太多没有星星的夜晚
在窗棂上驻足
等着你
射穿

5. 别

别是这莫名的心事
让我读懂你的眼睛

默契在我们之间生长
像一场无声的告别

别再继续,也别再停留
别让灵魂在风中飘摇

别再谈论从前的你
和那些年的桃花

别再让我失去重量
在夜深人静时分

6. 过敏

是我的心在报警
它从空气中采集
一句话一个眼神的温度
可能它不去在意
我的过敏源，也会是
一片文字一杯回忆

无端的痒痛
像细密的芒刺在逼近
天气阴晴不定
滋长着静电般的麻痹
我沿着过去的车辙印
略微偏离岁月的轨迹

7. 夜醒

月牙是锈迹斑斑的枷锁
将一方春夜
钉在墙角

冷风穿过冰霜的裂痕
切割冬寒的碎片
在沉寂中呼号

我推开窗,留下一线光明
想与它搏斗,却嗅到
花露水味的清新

退缩,迎战,还是蛊惑?
转过身,我熄了灯
让呼吸和它一起
填满黑暗无尽

8. 放逐

心灵的海域起了雾
在风呼吸的地方
我以水手之名
扬帆起航

我没有热切地回望
故乡的晴空
花开时节的眼眸
看不清淋湿的梦

勇气在阴影里沉睡
灯塔收集火焰和磷光
风暴刮过一整串岁月

不知为何,当所谓的
自由来临之际
我竟没有举办庆典

9. 家书

折痕中藏着承诺
在墨渍处生了根
征途上秋风萧瑟
灶台旁青烟悠长

思念与牵挂交织
在烛光下升腾
而字句被揉进烟灰
在水里浮沉

她留在旧地守候
把最滚烫的痛
撕成片段，捻作细绳
一缕一缕，咽下凉夜

10. 读

你打开书，像陷进一张蛛网
千万个字眼，是被俘获的虫
你挣破了网，血液回流
让语言中枢带路，伴你
走向未知的深处

匍匐着爬过洞穴
你也曾登上山巅
生命里每一帧摇摆与定格
都是你在前进，在冒险
你既是探险者，也是
被探索的谜题

你没有读完，笔尖悬停
寂静踱着猫步穿过回声
墨迹未干，你似乎明白
太阳仍在等待，而希望
是它投下的
第一道阴影

11. 眠

回忆像瘦削的弦
振动难以拦截
总有某些瞬间
疼痛像整片海的盐

也许就在今夜
清风让哀怨沉淀
如茧般安眠——
在长夜里修炼
在拂晓时化蝶

12. 褪色的痛

晚霞收拢暗处的伤口
音符跳跃在光的裂痕上
春天的玫瑰，始终是
一道愈合中的印记

刀刃的锋利
在夕照里淡去
转身时，记忆
正用黄昏抚平
那些未响的余音

思想的键盘仿佛失灵
琴声悬在未落下的尾音
我们在一片片薄暮中
诉说那些说不尽的余韵

13. 迷宫

风声远去，尘埃依旧回旋
内心的悸动汹涌到极致
半透明的浪，是梦境里
未曾逃离岁月的
受潮的谜

当思绪蹁跹到心的边界
支流也成为新的航道
行囊里渐暗的指南针
仍指向来时的间隙
而答案始终悬于半途
如同永不闭合的磁场

时光留下了无数线索
每一次回首，都在寻找归宿
明知归处，却甘愿迷路

14. 墨痕生时

让一支笔在心间游走
纸上便投映出
具有三维效果的
立体心事

夜凉如水，于灯边循迹
被墨香安抚，被文字牵引
情感在笔尖绵延
如同沟壑在蔓延

用那支笔，顺着墨痕——
书页黄了，等待熟了
而那些年青的词句
依然形态各异

15. 胶卷

窗边灯下，一卷胶片
在夜风微凉中轻摇
将影子与回声
洒满房间的角落

它默默守护着，那些
昨日，或是往昔的秘密
却固执地，将岁月的绸缎
裁成一格格四边形

它让过去的存在，存在
让时光底色，依旧清晰

我试图捕捉那些
刻在我身上的印迹
却只能将它们
——显影

16. 暴雨天

雨点擂响战鼓
浊浪从天际席卷而来
像无数兵马大举压上

她偏爱这样的暴雨天
倚在窗台的角落
看世界在水雾中支离破碎

那些冗杂的声响
断裂的光影
都在这场狂欢中
化作朦胧的碎片

而她期待着
在隐秘与混沌中
迎接短暂的新生

17. 时间的步调

从第一声婴儿的啼哭启程
你将流星的光点收集
织成梦的襁褓

青春的发梢
是你轻盈的舞步
风筝与纯色衬衫
在阳光下追逐你的影子

婚礼的钟声里
你穿过洁白的裙裾
将誓言刻进
秒针的每一次摆动

直到晚年
你停在墓园的月华里
将一生的故事
酿成寂静的浆露

而记忆
不过是你的旅途中
一场又一场
若有若无的停顿

18. 明与暗

阳光把影子缝在墙角
风的耳语比月华更轻
窗帘被朝霞浸透
雾气却漫过雨季

城市将夜熬成咖啡
未说的话浮在杯沿
星群凝成细小的光斑
被冰冷的指尖反复摩挲

信徒在暮色中起身
泪水在掌心结晶
钟声漫过教堂尖顶
将夕阳敲成碎片

而所有星光
都是黎明
埋下的伏笔

19. 归隐

浓荫里花繁叶茂
盛如鸟语的喧闹
幽径旁青苔肆虐
道不尽深浅岁月

篱门静默，铜锁沉寂
苍茫如云雾漫过山峦
清风翻阅草的暗语
惊醒柳梢头的黄昏

暮色渐晚，云影徘徊不定
铃声轻微，途经泉的纹路
篝火上飘起雨点，等候
炊烟密处，破土的新竹

20. 在雨季半醒

我想绕过，那堵
斑驳的老墙壁
走出拐角，青铜色的天空
还下着钢丝般的雨
很疼，在雨季的心里

我听见急行的风在笑
看见自由的云在长跑
水柳垂下碧绿的丝绦
我邀请那只半醒的椋鸟
一同加入花的学校

21. 漫游

树影溶解于一场晨雾
橱窗映出迁徙的候鸟
杯底浊茶的漩涡，沉淀着
二月的邮戳，也搅动着
去年融化的钟声

夕阳以三十度的倾角
将我们的影子熨在长椅上
当在某个街角转身
我们谈论的孤独突然变轻——
成为风揉皱的糖纸
成为电车驶过后
高压线上颤动的余音

喧哗的钟摆正面临失重
寂静在空气中膨胀
当黄昏的沙漏开始倾斜
指纹依然在桌面漫游
缓慢地
漫游成无人涉足的
群岛

22. 残影

风再轻一点，影子就要变形
吹不灭引领寻梦者的光
水再重一点，便与岁月无关
穿不过童年里老旧的桥
过客，行舟，鸟托着晚霞飞行
在旧时的城南小路，我依稀记得
蹲下看影随风舞时，一捧心事
就在水面漾开
如果说，影子被风拂过后
像旅者在行走，每一步
都在寻找遗失的光辉，那么
水波荡漾时，就如尘世在低语
在某一瞬间，与影子相拥后
和桥，还有我，静静伫立于虚空

23. 猎手

清泉捕捉着光影
柳条拦住了黄莺
我被游离的风,劫去呼吸

凉意包围了山林
黄昏淹没了虫鸣
我眼里流着溪,听不清
露水在叶尖的试音

当赭色的阳光,宣告安宁
她已俘获,一颗缱绻的心

24. 鹰

翱翔——极致的舒展
和野性，在云霄中
突破天际，划出光芒

追寻自由，于原野苍茫
自我重塑，风暴中疗伤

迎着高峰，敞开胸怀
一场没有终点的流放

征服称王，却容纳不下
隐匿的真情
和咆哮着的张狂

25. 星夜
——致顾城

屋顶托住少年的影子
星空在他眼底延展
奔涌成未尽的篇章

多年以后的深夜
也许他会偶然想起
那些露水打湿的眺望
在钟摆摇晃的间隙
像一根火柴被擦亮

当群星以慢镜头的速度
坠向远处的山峦
某个传说在他手心
浮现出新的注脚

他也成了那样的
背着黎明的旅人
在星夜里，寻找
哲学的符号
地平线途经他的掌纹
轮回着幻灭与重生

26. 与自己交谈

你熟悉那条河
从它最初的涓滴开始
掌心躺着一片枫叶
像一封未寄出的信

你站在岸的边缘
看受伤的鸟
在枝头整理羽毛
它的颤抖，让你
想起自己的某个部分

麦子在风中起伏
你想要的，或许
有时只是风停
或是一瞬安宁

叠成鸟的形状
信纸飞向远方
书页间漏下的星光
照亮你未读完的
那一行

27. 流动

从融雪的第一滴水开始
那条河揣着未拆封的信
向海的方向迁徙

风与树的对话
在年轮里刻成秘密
候鸟用翅膀丈量着
春与秋的间距

潮水退去时分
贝壳将涛声收藏
就像是有些相遇
缘起浪花与礁石的雕琢

此刻我站在沙滩
看自己的倒影被冲散
又似乎聚拢成
更完整的形状

28. 窗的叙事

远方的轮廓,被窗框
切割,而思念像藤蔓
在玻璃上攀爬
留下待认领的名字

在窗台歇脚,影子
是一只疲倦的蝴蝶
等待下一个
开窗的瞬间

如同碎镜,每块孤独
都映着各色的光
忧伤是轻盈的羽毛
却能托起任何重量

人们用微笑传递
那些无需言语的默契
犹如隔着窗棂
就能触碰到的温度

29. 新居

没有意外，我们还是能共赏落日
在汽笛长鸣时，拥抱悸动和炊烟
若是为了隐匿，我会为你拭去沉默
等到雾气消散，在枝头把新绿拓印
但此刻，风也恰好停息，只留下
影子和老式门闩扣成的交集
那些散落在心底的诗行——它们
正在以落叶的形态舒展，把故事
风景和四季轮回，锁进我们的新居

30. 村口

风解开夕阳的纽扣
火烧云为苇丛镶边
白鹭收拢翅边的波纹
立成沙洲的惊叹号
当暮色漫过河床
腌渍的方言，开始返潮

老榕的气根垂向水面
围成绿荫，钓起半截炊烟
蝉鸣在枝桠间反复淬炼
某串蹩脚的乡音
那个被遗忘的乳名
在聒噪中被磨亮

石阶裂缝中沉睡的足印
蔓延成田垄下的根系
寻觅着对位的韵脚
而比千百本族谱更深的
是泥土下松动的姓氏
等待着新芽，拱破黄昏

31. 念（外二首）

被烟围住，像被
时光浸染的风铃
念，叮当作响
终将归为尘土

而我的思绪，像经过春汛
成为色彩流溢的山洪

也许，明朗清丽
而不锐利繁复
那层叠的情愫
那拔节的念
在回忆中热恋

盼

从未有喧闹的渡口
来泅渡荒芜的灵魂
从未有不同型号的时间行囊
装载同一颗旅行的尘埃

只有一弯暗月

在漫山遍野地盼
而被岁月磨蚀
直至喑哑的钟声
也在盼疼痛渐变——
记忆衰老之后
时光悄然回转

乐章延展开音符的变幻
失聪的孩子手指在跳跃
湿润，在黑白上纵横
不，他不是聋人

忆

往事的雾霭，朦胧而静好
暖色调，轻柔地笼罩
记忆的涟漪里，谁都有
一圈又一圈的那些年
在沧海月明里如玉生烟

年少的河流，阳光泛滥
蒸腾了春秋的结晶
旧岁沉淀，挥发出温暖

润湿了青春的眼眸

风化成忆的鹅卵石

32. 回乡

霞光把村庄包围
乡野的井里续满故事
玉米地旁燃起篝火
躁动着下一个春天

朝着虫鸣升起的方向
月亮被锻造成镰刀
多少擎着火把的手举起
让最后一颗星燃尽

柳枝被东风洗净
野草和云平行着蔓延
我以群山的名义
斜着劈开太阳

33. 约定

怎样去私藏——
那片流金，黄昏里
你洒落的每一缕

融进夜色，细雨润湿思念
我沿着林中小径，拾捡
秋水里翻涌而上的星点

月光，落红，与一汪寂寞缠绵
如野百合驯服荒地，一瓣一瓣
焕新我的灵魂。世间的暖意
犹在悬崖最深处激荡

欢愉而敏锐，温和而有力
我会像你说的这样生活
当我们再次相遇，你会是
露珠的晶莹，是梦中轻舞的影
是细腻而轻盈的云
是湖畔水波的浅唱
是前奏里，最清澈的乐音

34. 青春

你的眼比湖透明
流动着露的晶莹
你的唇温润如玉
微抿轻柔的倦意
睫毛上的霜花隐去
细眉弯起月的倩影
当琥珀之谜尘埃落定
容颜藏起年华的秘密

35. 梦回童年

时间撼动不了告别
孩子们已建好宫殿
草帽之下都是国王

梦的缤纷绊住表针
风用麦穗调试琴弦
心愿比向日葵灿烂

鸣虫们吹响小号
果实离不开手掌
笑容悬于风筝上
我用网捕获童心

36. 蔷薇
——致"星星的孩子"

夏天，她常梦想采撷蔷薇
纷飞的芳香，远去的风
如同无边的天空和满足

有时，她眼中飘洒的雨
沉睡在喑哑的房间里
远不如窗前的一枝花

那雨季萌生的绿意
令梦境悄然改变颜色
而渗进伤痛的幸福
会再次挥发出光与热

礁石始终以仰首的姿势
等待下一次满月涨潮
生命从不放弃所祈祷的
就像这世界从不粉碎爱

37. 我想把窗关上

窗，我想把你关上
让咖啡的焦糖色蒸汽
熏湿倦怠的眼睛
我想把你关上
让音乐白皙的玉手
抚慰轻颤的心
我想把你关上
让过去与未来的情绪
跳一段交谊舞
可是窗，你不懂黄昏里发酵的惆怅
它们会向光而行，也会逆风流浪
关窗以后，我不愿只听寂寞的歌唱
你能否，再偷运一枚枫叶，一朵云
一串风和一小格阳光？

38. 村妇

她曾是浮萍上的
一只蜻蜓
又或许是，一朵
夏荷的花蕾
却从不编织谁的梦

山岭巍巍，溪流潺潺
一半是希冀，一半是爱情
推着纺车在月光下转动
她纺出的不仅有布匹
还有无尽的夜色

麦穗在她的掌心抽芽
高粱在她的肩头生长
而她的心事，被柴火煮沸
缓缓向人间倒出来
淹没了无数的村庄

后来，她成了一棵
沉默的老树
枝叶婆娑
却从不喧哗

39. 彩票
——献给外公

想了好一会的外公,从阳台踱进客厅
陷在沙发里,他把两手摊平
"这次肯定中了",他又抄起黑笔
专门备好的报纸上空降了一串串数字
顾不上老花镜的滑落,他酣睡过去
这是多年前的某个夏天,有令人宽心的燠热
褐色的窗帘,掉漆的收音机和甜津津的花生糕
午后的风比转不动的电扇还懒。而当
一晃一晃的摇椅停下,外公已不再言语
他又一次睡了,我看向平躺着的外公
他的脸上有痣,手还像在握笔,亦或是
他想端来一盅文火煮过的茶,叙叙旧
或许明天,他就能抓住一页中奖的号码牌
但是此刻,外公的时间
已经变成了一张彩票
正小心翼翼地,等待开奖

40. 停留

我渴望停留，如刹那的快门
在岁月的长河里，捕捉一瞬
烟火的笑靥。我试图驻足
拾起时间缝隙遗落的誓言
如同枸杞在温水中浮沉
我摘下麦穗，继续远行，回望
汇入戴着面具的人群的轨迹
我努力平静，但他们的目光
如冰封的瓷器。于是我站起
把荒诞的梦境，一片片撕碎
和孤独并肩，呼唤未知的勇气

41. 归途

从城市的喧嚣中抽身
沿着老石板路的脉络
在晨光与暮色交融中
我找寻着儿时的归途

相约一汪湖水共饮
倒影是苍穹的馈赠
驻足停歇,背负回忆双重
一份轻盈,如风之呢喃
一份深邃,似夜的眼眸

我曾在烟雨中徘徊
试图烘干童年的泪痕
若你路过我的旧地
无需言语,请深呼吸:
回程,或是更远的归途

42. 来自青春的信（组诗）

生活
比阳光更慷慨
比海洋更富足

被奇妙的线牵引
上了蜡一样流动

往事的立体剪影
留下融化的烙印

迷路

循着晨昏的轨迹
我在昔日中寻觅
风中的蹄音，将我引向
光影斑驳的苔径
街角斜阳半旧不新
梧桐树下遍地流金
我仿佛领会，回忆
那醉人的妖冶香气

温习

星辉柔韧,在每一寸
深蓝幕布上游历
惆怅凝为云翳
悬停于季风的尾翼
初见的雾气
氤氲着温软的呼吸
心事尚不明晰
幻化成絮状的秘密
宛若黄铜酒盅里
文火慢熬着回忆

邮寄

把流淌在指间的时光
叠成心的形状

直到记忆的匣子
染上旅行的尘埃

投进信箱,翘首以待
风与香樟的歌

只有坚韧的羽翼
才能托起一朵梦

多少青春的信件
又曾迷途于秋风

43. 新露

柔和的清晨，有大片朦胧的晨光
一切很轻软，像一首刚写好的诗
上个黑夜沿着茎杆奋力攀爬，很累却很有意义
一同努力过的伙伴仍在沉睡，享受着清新
早起的蜜蜂友好地来打招呼，
还有几只昆虫却不知名
我在草地眼睛里静歇，
因不想打扰世界而小心地呼吸
蝴蝶呢？那只最美的蝴蝶呢？
她在那朵刚开的花上，于是她自己也成了一朵
水很清，树很绿，天空很蓝
我能看到别人的样子
但看不到自己的影子
可是在我那颗敏感晶莹的心里
我、水晶和玻璃没有任何差别

44. 风筝

还是那片辽阔天空
风之乐章在每一根线上
轻盈舞动

背景是你的笑靥
秘密是我的情愫
那颗星辰，你曾提起
我仍未找到。风声清澈
唤醒沉睡的心。月下
影子轻柔，田上稻谷呢喃

每一缕风，都载着未尽诗篇
每一次放飞，都是一次告别
落了，散了，而风筝飞过的
那些年少，辽阔如初

45. 春天的化学反应

春意像雪一样化开
涤去水波的阴冷，溶解
落叶林深处的雾，还有
花草间，孩子的多巴胺

老人的叮咛在发酵，膨胀成
蘸满乡音的面包
而火车的长鸣，是催化剂
助长了远行之心的燃烧

田垄上的云，很轻
是思念流动的沉淀
它游离着，游离着
却又在逆光中放热
暖了一园少女的春

46. 藤椅上的银梭

青苔在榫卯间私语
银梭正穿过日落
藤椅吞下陈年的潮润
吐出毛线解冻的声响

石桥驮来溪流的倒影
浣洗棉纱里淤积的暗哑
老花镜框住游移的光斑
指纹在棉絮中如叶脉延展

整座村庄的陈土似乎松动
针脚却将暮色越缝越密
她将最后半寸夕照搓成丝线
直到屋檐下的霞光都投映成
新衣领口处温热的乳名

47. 分流

桉树林捧出天空
河流浸润着暮色
青涩与理想双向而行
年轻和固执各自靠岸

记忆分割成褪色的胶片
感性之船搁浅在码头边
罗盘上显影闪烁的誓言
却没指明驶向你的航线

在怀念的港口，敏感
是我的通行证。记忆
没有抛锚，掌控方向
你是盏红灯，让我
静止在，青春的柔波上

48. 橡影·光语
——致护林人

在婆娑的树影中,你预感
一束光的来临,如启程梦境
在一片橡林的怀抱里,聆听
原生的雨点与风吟

自然以其纹理,映射出盛衰的轨迹
如年轮深处传来潮汐,你明知
却依然醉于清欢的交响,期待着
来自天穹的广袤和无垠,像是
一棵成年的树,浸润月华的洗礼

你开始耕耘,无数年岁的荒芜之地
在这片古橡林中,培育生命的新绿
黄昏在你拾取的叶脉里,尚未凝固
直到那些向上生长的渴求,弯成
露水折射的彩虹的弧度

49. 远行

风声穿过站台
将夜色叠进
未启程的车票里

日出被虹预定
晨光在杯沿停驻
折射出半座城的轮廓

铁轨如琴键般延伸
每块枕木都是
被按下的长音
而远方始终保持着
黑胶唱片的沉默

日记是杯红酒
混入紫堇的气味
我倒出故事，饮下
泛黄的乡愁

站名被雨水淋湿
直到天晴的汽笛响起
直到风停，云散成
一封拆开的信

50. 月夜

我在苔径上彳亍
你的眼神沾满露水
淋过安睡的灌木

而月光正编织银丝
将我的脚步与你的凝视
缝进同一片湿润的寂静

暗潮漫过叶的私语
每颗露珠都将成为
透明的诺言
把手和心系上蝴蝶结

当星群坠入黛色的森林
所有的梦，会燃起火炬
我把心愿上紧发条
让它飞向你的月亮

51. 落叶书简

当桂香凝成金箔
金菊垂首卸下冠冕
斜阳被裁成绶带
树影在拓印落幕的谢辞

林间飘下泛黄的信笺
每道叶脉都是
时光亲笔的落款
褪去青涩的褐斑
蜷曲的棱角仍镌刻着
与烈日对弈的盛夏

泥土收拢散佚的章节
翻译成季节的密码
往事被一帧帧装订成
春天扉页的插图

当风穿过年轮的邮局
把褪金的勋章

寄往根系深处的档案馆

曾经长眠的笔画

都将在惊蛰时分

重新伫立成向阳的部首

52. 梦和随想者

晨光初现,随想者启程
闭上眼,像一颗静谧的星
踮起脚尖,与蝴蝶起舞
如梦中的精灵,轻盈地
在黎明的韵律中,完成
腾跃与降落的仪式

在梦里启程,无需理由
当那海蓝的回忆,涨潮之时
请拾起诗的贝壳,听远方的号角
想象白帆高扬,驶向未知的明亮
怯懦和倦意,终将随风消散
而太阳和彩虹,会奉上糖果
祝福每一对,梦和随想者

53. 夏夜柔波

鲜花播撒芬芳
像被赠予希冀
风声微柔，涟漪泛起红晕

悸动悄然洇开，润湿
星空下的瞳光
视线交汇，淋漓
如浪花与堤岸击掌
如萤火虫，在夜露间闪亮

在月影中缄默——
是倦意的云
是渐停的风吟，还是
克制却依然加速的呼吸

没有烈焰与嘶鸣，没有
屏障与峭壁，有的是
两颗不安而热烈的
黎明前互换秘密的心

54. 画家

火焰在瞳孔中跳动
泪光在画布上闪烁
无需刻意描绘
生命的真谛融入笔触

一双深邃的眼眸
一缕明媚的微笑
画笔不曾沉寂
未尽的故事悄然生长

张开肺叶，深呼吸
油彩勾出梦的笑靥
总有一朵，或者
两朵少女的花
似乎在画里
谈了一场恋爱，脸红

55. 文字·印象

意味着酬谢，时光与魂灵
你从每条脉络进入，撷取心谷的回音
我借用你的锋刃，裁剪流年的印记
当我醉于梦境，痛楚被你封印
你是桥，跨越现实与虚幻的交织
你是我的扁舟，来泗渡爱与生命

56. 微笑的水

在时光的褶皱里,你静默地沉睡
却也不安分地流动,冲刷褪色的过去

向往高处?你已厌倦瀑布的喧嚣
奔向海洋,你自以为会找到归宿

却被困在这方寸之地,涟漪一圈圈荡开
人们向你抛去污浊,躁动中得意忘形

你因痛楚而静止,却不会因困顿而干涸
阳光亲吻你的面庞,月光轻抚你的眉梢

但你思念着远方,安详而深邃
透明洁净的你笑了——
那不曾被污染的微笑
是你四季如初的歌唱

57. 做一名读者

还未把交织的回忆看透
红豆已慢熬成粥
我执起时光酒壶的把手
把往事灌个一醉方休

轻拂衣袖,让笔尖
于光洁纸面游走
曾经的百转千回
歇斯底里肆虐个够

慢阅读的生活
让我在麻木的时候
找寻到灵魂的出口
做一名生活的读者
再适合不过多情的我

58. 清夜素描

夜色研开一池墨
我们静坐成
两盏相对的茶

雾气中风停草静
偶尔漏下
一两声虫鸣的留白

水面浮起的月光
比宣纸更薄
那些沉底的往事
渐渐洇成
浅青的远山

你说这清夜
多像年少时
临摹过的工笔——
每一抹淡彩，都藏有
未干的晨露

59. 澄明之夏

云层漏下星屑
灯火与细雨交融
汇成多情的七月

江面映出夜色
油烟裹挟着碎光
溶解城市的疲惫

向更深沉的清凉迁徙
将温暖的梦嵌入心房
不去在意浓墨似的忧愁
或是那薄如蝉翼的未来

我渴求着，一颗
装点思想的花蕊
像水晶球里的音乐
净澈至永恒

60. 水边

莲在倒影中舒展
洁白犹如初见
鱼群四处游弋,却逃不出
夏天设计的迷宫

柳丝垂钓碎银
笛声轻纱漫楼
蜻蜓轻点着荷尖
飞鸟被风拨弄心弦

在水边的凉亭里
我们曾放行纸船
而今波纹推来
一同许下的诺言
宛若迟到的雨季里
走失的云

61. 使命

哪怕沙尘漫天
世界隐入苍茫
诗人依然守望——
生命的火炬
在理想中昂首张扬

总有活水不曾停歇
让江南溪涧时时清冽
纵使落红渐迷双眼
山岭的回声依旧高亢

草叶与繁花竞相生长
宛若文字在诗行跳动
令无数沉寂已久的心
如烈焰似的燃烧起来

62. 园丁
——致乡村教师

日记本里安睡的花瓣
在黄昏的糖纸中芳香
风把纸页掀开时
童真就藏在折痕里

蝴蝶晾晒着双翼上的雨季
夜来香旁浮起潮湿的邮戳
你举起松枝蘸取星光
为每粒种子标明地址

孩子们将太阳种进玻璃罐
想把彩虹编织成环形公路
山坡上奔跑的纸风筝
正在等待春天来认领

苔藓爬上相框边缘时
你听见泥土深处
沉睡的树根在练习发芽
像多年前那个清晨
母亲将蒲公英的絮语
轻轻别在你衣襟

63. 高度

晨曦微醺时
梦在鹰翼上苏醒
开始振翅——
它的飞行轨迹
划破云层的弧线

大地以沉默
回应天空的震颤
每一粒砂石都在记录
风的形状,而冰川
在寂静的湖面
临摹着倒影

湖水的波纹忽然柔软
学会了雪的抒情
当极光垂下幕帘
我们终于读懂,那颗星
用光芒定义的高度

64. 追光
——致革命者

远方，囚于铁血的深渊
像火种沉睡在迷雾深处
渐行渐远，眼中万象
被静默的纱幕淹没

在黎明前启程，追光者
踏过岁月的河床
脚步被影子拉长——
还有那对晴空的向往

而时间之轮从未松懈
紧箍着丹心与魂灵
每一滴汗水，都是热血的序章
每一次跌倒，都是信念的重生

曙光终将照亮星辰
抵达理想新的磐石
那些飘散的过往
如轻烟，如浪花
在历史的沙滩上
凝成永恒的追寻

65. 早春

晨曦穿过熙攘的人间
新绿在枝头悄然舒展
鸟鸣裹着湿漉漉的雾气
等待被温柔唤醒的时分

杨柳在烟岚中沉醉
少年在暖阳下徜徉
溪流的鬓端,被雪别上鲜花
叶尖续满露水的诗

她浮起映山红一般的笑颜
飞舞的柳絮,像悠扬的琶音
那些轻薄的情丝,宛若琴弦
颤动出朦胧而又美妙的梦

66. 暖季

千万束日光倾城
飞鸟飘下的白羽
熔成金箔

音符化身为风
拂去记忆的烟尘
而绽放在香茗上的
那朵流云，沉淀
一缕影一种信仰

山涧笑纹清亮
解冻花的春天

67. 信的航行

又一次折叠信纸时
有蓝从笔尖滴落
潮汐在字句间争先
漫过搁浅的修辞

纸船驶向折痕深处
那些被浪尖托起的逗点
正在海岸线尽头
排列成候鸟般的省略号

赶在句号闭合前
墨水把未完的韵脚
埋进黎明前的锚点
而涛声始终悬在
句末待干的墨迹里

假如这些是生活的诗信
我们终将沉醉于抑扬顿挫

68. 我不知道，也知道

我不知道，你在清晨几点苏醒
热好的饭团啃了几口
墙角日历，是否已经撕去

我不知道，你在夜晚何时入睡
苦口的咖啡灌了几杯
桌边灯火，是否亮到天明

我知道，你用匆忙的脚步
在奔波途中，丈量追梦的距离

我也知道，你用归途的期盼
在疲惫时分，维持热血的涌动

当街边路灯暗下之时
我不知道，千万束目光依然如炬
当末班地铁呼啸而过
我知道，千万颗心将不再沉默

69. 浅笑

朴素而清浅——
你的笑意无需雕琢
漾成波动的光束
哼起金盏花的小调
让娇羞的云松开发髻
开怀与阳光拥抱

露水在你的眉眼结晶
滑下明媚的酒窝
却被笑的蜜糖黏住
你可曾知晓——
温柔的太阳两旁
是彩虹的弧度

70. 逐梦少年

晴空万里，朝霞奔走相告
像是少年泼向天际的颜料
梦想在画布上延展着希望
有如年轻流淌在桃色面庞

他追逐候鸟的尾迹
收集云影的翅膀
麦浪托起鎏金的时辰
田间的守望者垂首不语
与地平线在斜阳下延伸

暮色漫过蒹葭
少年临渊丈量
水面浮起未抵的远方
天地接缝处微光荡漾
他奔跑的剪影
是梦在生长

71. 光的刻度

群山的眼波
在飞鸟翅下流转
泉水盛满天空的蓝
春日漫步在麦浪以外

阳光垒起云的阶梯
树与树相依，投下连绵的影
灌木丛中，风像卸下盔甲
长出透明的蝉翼

当暮色漫过山径
我数着泉水的音节
等一个未抵达的休止符
在水面画下
最清澈的圆

72. 我读到多年前我写的诗

我读到多年前我写的诗
她从油墨里睁开眼睛
似乎还含着对世界的哀怨
不愿再回到那无尽的幽闭

在把语言的种子
撒向我的田野之前
她轻轻地，调暗了
我书桌旁的台灯
我猜啊，她要的并不多
也许是一晚的安宁
也许是下一窗黎明

遗忘让我们渐行渐远
时间的脚步也越来越急
钟声响起，还要好好告别吧
抱起她时我吃了一惊——
原来她那么轻，轻得
像年少时天边的星

73. 晴光手札

苔痕在石阶写下
第一行潮湿的问候
溪水便裹着标点
流向云的注释

林间忽而静默——
迟来的新绿,正褪去
旧年蝉蜕的质地
放飞的心绪
也丰满了羽翼

霞光用金边
将夕阳的宣言封装
少女在酡红下
看心愿拔节生长
直到暮色前来
合上这卷
未署名的自白书

74. 向阳

阳光轻触唇角时
某个清晨的歌声
结晶成灿烂的露珠

窗台的月季
数着光的年轮
将花瓣展开成
向南的弧线

当候鸟掠过湖面
年轻的火焰与玫瑰
都化作粼粼的纹路

那些天际的光斑
终会落成，整片大地
最温柔的偏旁

75. 圆满的碎片

以冒险者之名,星辰
坠入我的瞳孔
宛若一串
未编译完成的密码

以气态的形式,玫瑰
溶解在风的呼吸里
虫鸣,是另一种姿态的
露水

蝴蝶的误认,像一场
即兴的默剧
在它的振翅中,我的肩胛骨
仿佛开出透明的花

雨滴是宇宙的标点
却在我的掌心
汇聚成一片
私有的海

这些微小的确幸
是爱的美学

我终于明白——
圆满，不过是
无数碎片的
温柔拼图

www.ingramcontent.com/pod-product-compliance
Lightning Source LLC
Chambersburg PA
CBHW081157070526
44583CB00021B/2884